AF247851

LES AUTRICHIENS

DANS LE DÉPARTEMENT DE L'AIN
ET DANS LE PAYS-DE-GEX.

LES
AUTRICHIENS

DANS LE DÉPARTEMENT DE L'AIN

ET DANS LE PAYS-DE-GEX

EN 1814 ET EN 1815.

ÉPISODE HISTORIQUE

Par ELISÉE LECOMTE.

<hr>

A tous les cœurs bien nés que la patrie est chère !

VOLTAIRE, *Tancrède*, scène Ire.

PRIX : 1 franc.

PARIS

CHEZ MARTINON, LIBRAIRE-ÉDITEUR,
RUE DE GRENELLE-SAINT-HONORÉ, 14 ;

ET CHEZ JOEL CHERBULIEZ, LIBRAIRE,

RUE DE LA MONNAIE, 10.
A Genève, même maison, au haut de la Cité.

1859

DÉDIÉ

AUX COMMUNES DE FERNEY ET DE GEX.

Meminisse quandoque dulce est.

AVANT-PROPOS.

Je n'ai pas eu la prétention de placer dans le
petit cadre que présente une brochure de 32
pages les opérations de deux armées ; j'ai voulu
seulement mettre en relief quelques événements
qui empruntent un nouvel intérêt des circonstances actuelles ; j'ai pensé qu'il convenait de
rappeler, aujourd'hui, le souvenir de deux épo-
ques où la population d'une des frontières de
l'Empire se joignit à nos soldats pour repousser
l'invasion étrangère.

En considérant la part que ces bons citoyens,
au nombre desquels on comptait beaucoup de
pères de famille, prirent à la défense du territoire, mes lecteurs se formeront une juste idée

du résultat qui pouvait être obtenu, si la même ardeur, le même dévouement à la cause de l'indépendance nationale, se fussent manifestés dans tous les départements.

Quand la France sera unie, les coalitions les plus formidables se briseront contre elle; cette observation, faite généralement, à l'étranger comme chez nous, se trouve encore justifiée par les actes de courage et de patriotisme que je vais retracer.

Elisée LECOMTE.

LES AUTRICHIENS

DANS LE DÉPARTEMENT DE L'AIN

ET DANS LE PAYS-DE-GEX,

EN 1814 ET EN 1815.

1814.

Lorsque les Autrichiens, après avoir violé la neutralité de la Confédération helvétique, eurent occupé Genève, que sa faible garnison avait dû abandonner, ils ne tardèrent pas à s'emparer du fort de l'Écluse et de plusieurs villes des départements de l'Ain et du Jura (1). Leur général en chef, le comte Bubna, était entré à Dôle et avait déjà envoyé un détachement de cavalerie du côté de Châlons-sur-Saône Mais, ayant ensuite dirigé lui-même, contre la ville de Bourg, le gros de son armée, il éprouva une résistance d'autant plus imprévue, qu'on savait cette cité dépourvue de troupes de ligne, le général Musnier ayant cru devoir se retirer

(1) Malgré l'ordre donné par la Diète, de faire respecter la neutralité, l'armée autrichienne avait passé le Rhin à Schaffhouse et à Bâle, pour pénétrer en France. Une de ses divisions s'était portée sur Genève, par Berne, Fribourg et Lausanne.

sur la route de Lyon, avec les 1,200 hommes qu'il commandait. Le général autrichien avait compté sans la garde nationale. Celle-ci, quoique réduite à ses propres forces, refusa de recevoir le parlementaire et répondit, par une vive fusillade, à l'attaque de la colonne ennemie. Cette courageuse résistance, opposée par un petit nombre de soldats-citoyens, à un corps de troupes considérable, ne pouvait être couronnée de succès : la ville fut prise et livrée au pillage.

Malgré ce fâcheux résultat, l'exemple de patriotisme donné par la garde nationale de Bourg, eut du retentissement dans l'armée et parmi les populations du département. Au lieu d'y répandre le découragement ou la crainte, il parut y exciter une généreuse émulation.

Peu de temps après, les troupes françaises rentraient dans Bourg, les Autrichiens se repliaient sur Genève, et le général Bardet, chargé de reprendre le fort de l'Écluse, battait cette place, de la hauteur du hameau du Mollard, autant qu'il pouvait le faire avec de l'artillerie de campagne, la seule qui se trouvât alors à sa disposition. Cette canonnade produisait peu d'effet, et il y avait lieu de désespérer du succès, quand, tout-à-coup, environ deux cents habitants des communes de Longeray et de

Léaz gagnèrent le plateau où est établi aujourd'hui le fort supérieur, et firent rouler de là une avalanche de pierres et de rochers. Les toits et les planchers des bâtiments furent enfoncés dans plusieurs endroits, en sorte que la garnison autrichienne, craignant d'être écrasée sous les décombres, cessa de combattre et fut faite prisonnière.

Mettant à profit cette victoire, due au moyen si énergiquement employé par les braves volontaires de Longeray et de Léaz, le général Bardet s'avança jusqu'à Saint-Genis, en chassa les Autrichiens et les poursuivit jusqu'au village de Meyrin, situé près de Genève. Plusieurs habitants de cette localité augmentèrent le désordre des fuyards, en faisant feu sur leur arrière-garde. Témoignage de dévouement, qui, chose à déplorer! eut des suites funestes pour deux de ces volontaires! Les Autrichiens, revenus quelques jours après, fusillèrent l'un, et brûlèrent la maison de l'autre.

Les avantages obtenus par les troupes françaises sur divers points de la frontière, notamment au combat de Saint-Julien, si glorieux pour le général Dessaix (1), se trouvaient subite-

____

(1) A la suite de ce combat, où une faible division française, soutenue par cinq pièces de canon, avait eu à lutter contre une

ment annihilés par une imprudente détermina-
tion du maréchal Augereau, duc de Castiglione,
chargé du commandement en chef de l'armée
du Rhône. Le maréchal avait rappelé la division Musnier pour marcher sur Besançon, et
avait ainsi retiré aux généraux Marchand et Dessaix, les moyens de chasser les Autrichiens de
la ville de Genève. N'était-ce, de sa part, qu'une
simple faute? On aime à le penser; mais ce
qu'il y a de certain, c'est que le comte Bubna,
qui se préparait à rentrer en Suisse et à gagner
Yverdun, où il avait déjà envoyé sa cavalerie,
non-seulement se décida à attendre les événements dans Genève, mais encore résolut bientôt de reprendre l'offensive. Ce fut contre le fort
de l'Écluse qu'il dirigea ses premières attaques,
avec d'autant plus de facilité, que le général
Marchand, se voyant dans une position difficile
par suite du rappel de la division Musnier,
avait, le 7 mars, retiré la brigade Bardet du
Pays-de-Gex, et porté son quartier-général de
Saint-Genis à Châtillon-de-Michaille.

La garnison du fort de l'Écluse se composait

cavalerie et une artillerie formidables, les Autrichiens étaient
rentrés dans Genève, avec perte de plus d'un millier d'hommes.
Le général de division, comte *Dessaix*, presque homonyme du
général *Desaix*, mort glorieusement à la bataille de Marengo,
était de Thonon (Savoie).

d'une centaine d'hommes, commandés par le capitaine Bonnet du 23ᵉ régiment d'infanterie légère. Cet officier prit, avec autant d'habileté que d'énergie, les mesures nécessaires pour résister au général Klébelsberg, arrivé, le 19 mars, devant la place, avec une forte colonne de troupes et une artillerie nombreuse. Ni menaces ni tentatives de corruption ne furent épargnées par le général autrichien, afin d'obtenir, sans combat, la reddition de cette forteresse, qu'on avait à peine eu le temps de débarrasser de ses décombres et de remettre en état de soutenir un siége.

Un quart-d'heure après avoir reçu la réponse fermement négative, faite à sa sommation par le capitaine Bonnet, le général Klébelsberg dirigea contre le fort neuf pièces d'artillerie ; environ quatre mille chasseurs tyroliens ou croates reçurent l'ordre d'attaquer, sur les hauteurs, un détachement français, composé de militaires retraités, qui y était posté. La canonnade ne tarda pas à causer de grands ravages dans la place, et l'ennemi, très-supérieur en nombre, gagnait du terrain sur nos tirailleurs de la montagne, quoique ceux-ci eussent été renforcés par une compagnie envoyée de Bellegarde. Mais le combat changea soudain de face, au retour d'un capitaine de corps-francs, M. Béatrix aîné, adjoint municipal de Collonges, qui, ayant couru de commune en commune pour faire prendre les armes aux gardes nationales, arrivait à la tête d'une troupe assez nombreuse. Cinq à six pieds de neige et des rochers affreux n'avaient pu arrêter ces braves campagnards, et ne les empêchèrent point d'occuper les points culminants que les Autrichiens s'efforçaient d'atteindre. La victoire, incertaine jusqu'alors, se déclara enfin : un renfort de gardes nationaux, conduit par le capitaine Béatrix, s'élança sur les assaillants, au pas de charge battu par les tambours, et de concert avec les hommes qui défendaient le passage. L'ennemi fut chassé de position en position, jeté sur ses pièces et forcé de les abandonner, pour se retirer précipitamment, à la faveur de la nuit, sur Farges, Saint-Genis et Genève.

Le lendemain, à la pointe du jour, six cents Autrichiens furent débusqués de Collonges par quinze hommes de la garnison du fort, commandés par M. Ecuvillon de Sergy, officier dans les corps-francs, et trois à quatre cents gardes nationaux ou paysans, arrivés, pendant la nuit, au secours des assiégés. Les vainqueurs n'avaient à regretter que deux hommes tués et six blessés, tandis que l'ennemi avait perdu **18** canonniers et comptait un grand nombre de tirailleurs atteints de blessures graves.

Ainsi, après une vive canonnade, une fusillade non interrompue depuis dix heures et demie du matin jusqu'à sept heures du soir, les Autrichiens avaient été mis en fuite par une poignée de combattants, la plupart pères de famille et novices au métier des armes. Les hommes de Chezery, de Lancrans et de Léaz s'étaient particulièrement distingués. On citait, parmi ceux qu'avait fournis cette dernière localité, un tambour nommé Ruffiningo, qui avait intrépidement battu la charge.....

Quatre jours après, sur l'ordre du général Marchand, qui avait appris que la ville de Lyon venait d'être évacuée par le maréchal Augereau, la garnison du fort de l'Ecluse, commandant, officiers, soldats de la ligne, et corps-francs, sortaient de cette place le cœur navré, pour aller passer le Rhône au pont de Lucel et rejoindre la division du général Dessaix. Par une sorte de fatalité, c'était encore à la suite d'un avantage remporté sur l'ennemi, qu'arrivait un ordre de retraite! Dès le lendemain, les Autrichiens entrèrent dans le fort, dont les portes étaient restées ouvertes.

Ici finit la première campagne des gardes nationales et des corps-francs de l'Ain et du

Pays-de-Gex. Après l'abdication de l'empereur Napoléon, ils se retirèrent dans leurs foyers, en gémissant, mais, du moins, avec la pensée consolante qu'ils avaient payé leur dette envers la patrie, contribué aux derniers succès de nos armes, et que les Autrichiens se souviendraient d'eux.

1815.

Rentré au palais des Tuileries le 20 mars 1815, l'Empereur Napoléon ordonna au général Grouchy de faire lever en masse les gardes nationales du Dauphiné, du Lyonnais et de la Bourgogne, afin de s'opposer à la marche du duc d'Angoulême, qui, encouragé par quelques succès, se dirigeait sur Lyon.

Dès le 11 avril, un bataillon de volontaires du Pays-de-Gex, ayant pour chefs MM. Jacquemier de Gex, Roch de Chevry, Béatrix de Collonges (le même dont j'ai signalé la belle conduite en 1814), Debons de Farges, etc., se mit en route pour Lyon. La capitulation du duc d'Angoulême rendit inutile cet acte de dévouement. A peine arrivés à Nantua, les volontaires durent rebrousser chemin, et regagner leur domicile (1).

Napoléon, qui n'avait pas oublié les services rendus, l'année précédente, par les corps francs, décréta, le 22 avril, l'organisation d'un ou de plusieurs corps francs dans chacun des départements frontières.

Celui qui était admis à lever un corps franc pouvait donner des commissions de tous les grades jusqu'à celui de capitaine inclusivement. Les corps francs avaient droit aux vivres de campagne ; ils ne recevaient aucune solde, mais tout ce que ces corps enlevaient à l'ennemi était de bonne prise, et à leur profit ; les canons, caissons et effets militaires étaient rachetés par l'État aux trois quarts de leur valeur ; une prime était accordée, en outre, par chaque prisonnier, dans les proportions suivantes :

Simple soldat,	30 francs.
Lieutenant ou sous-lieutenant,	100
Capitaine,	200
Chef de bataillon ou major,	500
Colonel,	1,000
Général maréchal-de-camp,	2,000
Lieutenant-général,	4,000

(1) Après avoir capitulé à Lapalud, le duc d'Angoulême se rendit prisonnier au Pont-Saint-Esprit, et put s'embarquer à Cette, le 18 avril, pour aller en Espagne.

Aide-de-camp, officier d'or-
donnance ou porteur d'or-
dre,   2,000

En exécution de ce décret, M. Baude père,
préfet du département de l'Ain, et M. Jeannet,
maréchal-de-camp commandant le département, firent autoriser la formation de plusieurs compagnies commandées par MM. No-
blens et Savarin, pour le Bugey; Puthod et
Morel, tous deux substituts du Procureur im-
périal à Bourg, pour la Bresse ; Terray de Ver-
soix, officier en retraite, Fournier de Gex,
ancien officier, et Albert de Divonne, pour les
cantons de Gex et de Ferney. M. Béatrix de
Collonges fut chargé de prendre, en qualité de
colonel, le commandement de tous les corps-
francs du département. Le maréchal Suchet,
duc d'Albufera, général en chef de l'armée des
Alpes, l'investit lui-même de ces fonctions.

M. Béatrix adressa immédiatement une cir-
culaire à MM. les Maires, pour les inviter à
recevoir l'enrôlement des citoyens qui vou-
draient concourir à la défense de la patrie et à
repousser l'invasion des étrangers. Cet appel à
l'honneur national fut entendu; il y eut beaucoup d'inscriptions dans quelques communes.
Le sous-préfet de Gex, M. Fabry père, à la revue
qu'il passa les 13 et 14 juin, en reçut un certain

nombre parmi les chasseurs de la garde nationale mobilisée. MM. Girod de Naz et Barrucand eurent mission de faire des enrôlements dans plusieurs autres localités. Un contrôle de cinq compagnies, formant un total de 420 hommes, ayant pour capitaines MM. Barbe, Sorel, Mercier, Pupunat de Laissard et Delphin, fut envoyé, de Nantua, à M. Béatrix. M. Barbe, qu'il avait nommé capitaine-commandant, s'était occupé avec succès de cette organisation.

Informé de ce résultat, le maréchal Suchet envoya à Pierre-Châtel 1,500 fusils(1), pour armer les partisans. Le général commandant le département de l'Ain, en donnant au colonel Béatrix, par une lettre du 16 juin, connaissance de cet envoi, ajoutait que 3,000 autres fusils *de la même qualité* allaient être mis à sa disposition, et le priait de continuer à se rendre de plus en plus digne, par son zèle et son dévouement, de l'estime de ses concitoyens et de ses supérieurs. Le 23 du même mois, le commandant du fort de l'Ecluse recevait du général Maransin, l'ordre de délivrer aux corps-francs de Collonges 3,000 cartouches et 400 pierres

---

(1) Ces fusils étaient de différents calibres et avaient, tous, besoin de réparations.

à feu. Déjà nombreuses à la revue passée le 26 juin, par M. Desplaces, sous-intendant militaire, les compagnies de Collonges et de Peron furent encore augmentées par les enrôlés de Farges de Léaz et de Saint-Jean. La première avait pour capitaine M. François Beau, et la seconde, M. Joseph Levrat, officier retraité, sous lequel servaient MM. Charles Favre et Louis Machard, l'un comme lieutenant, et l'autre comme sous-lieutenant.

Le 26 juin, le général Frimont, entré dans Genève, à la tête de 60,000 Autrichiens, détacha de son armée un corps considérable pour occuper le Pays-de-Gex. Le général français Maransin, ne s'étant pas cru en mesure de défendre cette partie du territoire, se replia sur Châtillon-de-Michaille, en confiant au 2° bataillon de grenadiers de la Haute-Saône, et à plusieurs compagnies de chasseurs du Puy-de-Dôme et de corps-francs, le soin de couvrir les abords du fort de l'Ecluse. Une brigade commandée par le capitaine Beuret se porta à la redoute de la Faucille, avec les partisans du capitaine Fournier et du commandant Terray.

Le 27 juin, l'avant-garde ennemie, placée à Saint Jean, fit faire une reconnaissance du pays par un détachement de cavalerie et des chasseurs dits du *Loup*. Le chef des corps-francs se porta à la rencontre de cette troupe, suivi du capitaine Beau et d'une trentaine d'hommes, qu'il fit cacher dans le bois de Martenant. Puis, à peine les Autrichiens se furent-ils engagés dans le village de Farges, qu'une quinzaine de partisans, ayant à leur tête le capitaine Beau, descendirent la montagne au pas de course, et attaquèrent les ennemis par derrière. Ceux-ci, surpris et épouvantés, se sauvèrent à travers champs, dans la direction de Chalex, laissant un homme tué, plusieurs cavaliers blessés et deux prisonniers. L'adjudant-major Besse de Carouge, receveur des Droits-Réunis, les officiers Beau et Machard, les partisans Moreau, Mantel, Bouvier, etc., se firent remarquer dans cette escarmouche.

Le même jour, en exécution d'ordres donnés par le général Maransin, deux compagnies de gardes nationaux de la Haute-Saône et le détachement des militaires retraités du Pays-de-Gex, que commandait M. Brigad de Collonges, rentrèrent dans le fort de l'Ecluse ; les compagnies du Puy-de-Dôme prirent position aux chalets du Gralet et de Saint-Jean, placés sur la sommité du Jura, et les autres compagnies de la Haute-Saône se portèrent, avec les corps-francs, sur les hauteurs de la montagne de Farges, pour défendre les approches du fort. Le colo-

nel Béatrix, commandant en chef de ces troupes, établit ses cantonnements aux chalets de
la Race et de Pré-Bouillet, après avoir placé
des avant-postes à la Créta et au hameau de
Ruttet, au-dessus de Logras.

Les Autrichiens essayèrent, pendant plusieurs
jours, d'emporter cette position, qui ne leur
permettait pas de pousser une reconnaissance
jusqu'au fort de l'Ecluse. Ils venaient, à quatre
heures du matin, au nombre d'environ 400,
tant cavalerie qu'infanterie, attaquer le poste de
Ruttet. Voyant l'inutilité de ces tentatives, qui
d'ailleurs, leur coûtaient, chaque fois, quelques hommes tués ou blessés, ils résolurent de
faire une attaque en forme.

Leur colonne se présenta, le 1ᵉʳ juillet, comme
à l'ordinaire, par la grande route ; mais ils
avaient caché, préalablement, un bataillon
dans les ravins de Chanvière, au-dessus du
village de Greny, et un escadron de cavalerie dans le village de Feigère, afin de tourner
les corps-francs, s'ils s'avançaient trop en
plaine. La fusillade s'engagea à quatre heures
et demie et dura, sans relâche, jusqu'à midi ;
la colonne d'attaque recevait des renforts au
fur et à mesure qu'elle perdait du terrain. Les
corps-francs étaient également renforcés aus-
sitôt que le besoin s'en faisait sentir. Obligé

enfin d'abandonner la position où il s'était re-
tranché, l'ennemi fut poursuivi de l'auberge
Monestier jusqu'au bois de Greny. Ce fut alors
que sa cavalerie sortit du village de Feigère,
dans l'intention de couper la retraite à nos tirailleurs; mais à peine était-elle arrivée à la
maison Chevassu, qu'elle aperçut une colonne
française qui allait la tourner elle-même. Cette
colonne ne comptait pas moins de cinquante
partisans que M. Béatrix, par une sage pré-
voyance, avait gardés en réserve, à l'effet de
déjouer la ruse du chef autrichien. La cavalerie,
arrêtée devant une apparition aussi imprévue,
laissa à nos tirailleurs le temps de rentrer dans
leurs positions.

La perte des Autrichiens, en tués et blessés,
fut considérable; on les voyait très bien, de la
montagne, transporter dans leurs fourgons,
les hommes mis hors de combat. Les Français
eurent à regretter la mort de deux sous-officiers
de la Haute-Saône; un officier des corps-francs
fut légèrement blessé. L'adjudant-major Besse
et les officiers de sa compagnie, le capitaine
Joseph Levrat, officier retraité, le sous-lieutenant L. Machard, les partisans Cuzin père,
dit Chausson, Charles Favre, Levrier, Gauchez,
Dubois, Pie-Vian, Soubrier et Nicot, entre autres, avaient fortement contribué à l'insuccès

de cette attaque, l'une des plus habilement dis-
posées par les commandants autrichiens.

Le général Maransin écrivit immédiatement
au colonel des corps-francs pour le féliciter de
sa conduite et de celle de ses partisans, et l'infor-
mer qu'il en avait rendu compte au maréchal duc
d'Albufera. « Vous avez, ajoutait-il, pleinement
« justifié l'attente de Son Exc. et la confiance
« que j'avais dans votre zèle et dans votre va-
« leur. Recevez le témoignage de ma satisfac-
« tion, en attendant la récompense des braves,
« que je solliciterai en votre faveur avec tout
« l'intérêt qu'inspirent vos sentiments, vos
« bons services et votre dévouement. »

Cette noble récompense ne se fit pas attendre. M. Béatrix reçut une lettre, datée du
quartier-général de Pont-d'Ain, le 3 juillet, par
laquelle, vu les bons services qu'il avait rendus
comme chef des corps-francs dans le Pays-de-
Gex, le maréchal Suchet, en vertu d'une autorisation de la Commission du Gouvernement,
le nommait *membre de la Légion-d'Honneur.*

Jusqu'ici, comme on a pu le remarquer, les
Autrichiens, malgré la supériorité de leurs
forces, avaient été tenus en échec par quelques
faibles détachements de troupes de ligne, flan-
qués de gardes nationales et de corps francs ;
les tentatives qu'ils avaient faites presque

chaque jour, pour s'ouvrir un passage hors du Pays-de-Gex, étaient restées sans résultat. Mais la valeur devait finir par céder au nombre, et la confiance ne pouvait qu'être considérablement affaiblie à la nouvelle du désastre de Waterloo.

Favorisées, encouragées par les circonstances, les masses autrichiennes opérèrent, les 4 et 5 juillet, un mouvement général et simultané, ayant pour but de forcer les passages qui s'opposaient à leur marche sur Lyon.

Une colonne partit de Genève et traversa Nyon, petite ville du canton de Vaud, avec l'ordre de s'emparer des Rousses ; une moitié des troupes campées à Saint-Genis se dirigea vers la Faucille, par Gex ; l'autre moitié franchit le Jura au col de Crozet, pour gagner Châtillon-de-Michaille, en suivant les vallées de Lelex et de Chezery ; une quatrième colonne allait assiéger le fort de l'Ecluse, tandis que le général en chef, baron Frimont, se rendait en Savoie par la Semine, afin de passer le Rhône près de Bellegarde, en laissant à Chevrier, avec de la grosse artillerie, un détachement destiné à attaquer le fort de ce côté.

A la suite de ce mouvement, qui fut exécuté sur tous les points, les corps-francs, alors en position sur la montagne et dans les communes voisines du fort de l'Ecluse, se trouvèrent cernés de toutes parts. En cet état de choses, le colonel Béatrix, de concert avec le capitaine Roch de Chevry, allait prendre une résolution énergique, lorsqu'un militaire se présenta à lui, porteur d'un ordre du général Dessaix, qui, s'étant trouvé dans la nécessité d'évacuer Châtillon, prescrivait la retraite de tous les postes sur Nantua. Cet ordre, dont le porteur s'était égaré dans la montagne, et qui se trouvait remis 24 heures trop tard, était difficile à exécuter... Avant de se mettre en marche, M. Béatrix déclara à ses partisans que ceux qui voulaient rentrer dans leurs foyers étaient libres de se retirer. Quelques-uns, et surtout des pères de famille, profitant de ce congé, cachèrent leurs armes et se dispersèrent dans les bois; les autres suivirent leur chef, fermement décidés à braver avec lui la mauvaise fortune.

Parvenus, au grand pas de course, à Confort, ils essuyèrent une fusillade qui, heureusement, n'atteignit aucun d'eux ; puis, gagnant, par le chemin de Coz à Tacon, du côté de Montanges, la grande route de Nantua, ils arrivèrent sur les bords du lac de Syllant, au grand étonnement de l'armée, qui croyait toute cette petite colonne prisonnière.

La joie qu'avait causée l'heureuse retraite des

corps-francs, fut troublée par la nouvelle de la prise du fort de l'Écluse. Le commandant de la place, M. Villetard de la Guérie, s'était défendu jusqu'à la dernière extrémité. Ce brave officier n'avait abandonné le fort qu'en voyant le magasin d'artillerie en flammes, et une grande partie des bâtiments déjà écroulée; sinistres épouvantables, qui avaient coûté la vie à trente-deux hommes, et mis les autres hors d'état de continuer la défense (1)!

Les corps-francs chargés de défendre les approches du fort avaient encore, malgré leur petit nombre, montré, en cette circonstance, un courage et une fermeté dignes d'éloges; non-seulement ils n'avaient cessé de harceler l'ennemi, d'entraver les opérations du siége par de fréquentes attaques, mais, de plus, ils avaient appuyé, avec une valeur héroïque, les sorties que le commandant du fort, à la tête d'un détachement de sa garnison, croyait devoir faire pour dégager les abords de la place; et lorsque, dans une dernière sortie, le commandant s'était vu obligé de se retirer précipitamment, une vingtaine de ces braves tirailleurs avaient,

---

(1) Plus d'une centaine d'obus étaient tombés dans le fort, et, suivant toute apparence, un de ces projectiles avait mis le feu au milieu des blindages.

seuls, soutenu vaillamment la fusillade. MM. Du-
chosal, Berthelier, Mantel, ainsi que Perréal de
Collonges et ses deux fils, s'étaient conduits en
vrais Spartiates, au milieu de cette lutte
inégale, qui avait continué, avec une sorte
d'acharnement, dans la montagne, et jusqu'au
rocher dit Chava-Roche. Résolu à se rendre
maître du fort de l'Écluse, au prix même des
plus grands sacrifices, le commandant autrichien avait établi un camp dans le pré dit de
La Grange, près du bourg de Collonges; il avait
choisi, précisément, pour son quartier-général,
la maison appartenant au colonel des corps
francs (1).

Du reste, c'est justice d'ajouter ce fait à tant
d'autres, l'occupation du bourg de Collonges
n'avait eu lieu qu'après une résistance opiniâ-
tre des braves volontaires postés au passage de
Logras et de Farges.

On apprit en outre, que le capitaine Beuret,
après avoir défendu vaillamment la redoute et
le passage de la Faucille, avec sa brigade et les
partisans de Gex et de Ferney, avait dû, par

---

(1) Le bourg de Collonges, dans lequel il n'était pas resté
un seul habitant, fut complètement pillé et ravagé par les
Autrichiens, et peu s'en fallut qu'il ne fût incendié, suivant
le projet qui en avait été formé dès le jour de leur entrée.

suite de la prise des Rousses, qui le mettait à découvert, se retirer sur Saint-Claude. Cette retraite ne s'était pas opérée sans combat. Poursuivi par les Autrichiens, le brave capitaine leur avait fait face au pont Lison, avec l'aide des deux compagnies de partisans de la Bresse, commandées par MM. Puthod et Morel; puis il était parvenu à atteindre Oyonnax, où se trouvait la division Maransin.

Grâce aux habiles manœuvres du général Dessaix, les troupes françaises obtinrent, tout en se retirant, quelques avantages sur les Autrichiens. Le combat de Neyrolles, entre autres, qui obligea l'ennemi à évacuer précipitamment ce village, eut pour effet de préserver Nantua d'une attaque de nuit, qui eût, immanquablement, occasionné les plus grands désordres, causé des malheurs et des pertes incalculables, à cette industrieuse cité. Toute la division, troupes de ligne, gardes nationaux et corps-francs, put rétrograder, sans coup férir, jusqu'à Cerdon, d'où elle gagna Meximieux et Montluel.

Le mouvement de retraite paraissant ne pas devoir s'arrêter là, et les nouvelles que l'on recevait de l'intérieur devenant de plus en plus alarmantes, le découragement s'introduisit parmi les troupes, et la désertion commença à faire de grands progrès dans tous les corps,

notamment dans les bataillons de gardes nationaux mobilisés.

Néanmoins, il s'offrit, à cette même époque,
un trait caractéristique qu'il est juste de men-
tionner... Le maréchal duc d'Albufera ayant
ordonné quelques changements de positions,
qui pouvaient faire croire que l'armée des
Alpes, plus concentrée, allait reprendre l'offensive, un certain nombre de déserteurs se pré-
sentèrent au général Dessaix, et quand ce vail-
lant chef leur demanda pourquoi ils avaient
abandonné leurs drapeaux, ils répondirent :
« Nous ne pouvions plus rester, parce que l'on
« nous faisait journellement marcher en arrière.
« Que l'on batte la charge, tous nos camarades
« rejoindront comme nous, et les rangs se
« compléteront. »

Soldats, gardes nationaux, corps-francs,
étaient tous dans ces dispositions et attendaient
avec impatience l'ordre de marcher en avant...
Ils eurent bientôt la douleur d'apprendre que le
maréchal Suchet venait d'adhérer à une convention portant que la ville de Lyon, le département de l'Isère, etc., seraient remis aux troupes autrichiennes.

Cette convention, qui livrait à l'ennemi une
partie si importante du territoire français, fut
signée le 12 juillet; l'armée se retira, le même

jour, sur Miribel, et, de là, dans Lyon, avec un sentiment d'indignation qui ne tarda pas à éclater.

Dès le lendemain, 13, une réunion d'officiers de la ligne, des corps-francs et de la garde nationale de Lyon, eut lieu place des Célestins. Il y fut décidé que la ville ne serait point évacuée, que toute l'armée ferait la guerre en partisans ; que le commandement en chef serait enlevé au duc d'Albufera, et donné au général Guillet... Le maréchal, informé de cette agitation des esprits, ordonna la retraite immédiate sur Saint-Étienne et sur Roanne ; mais tous les différents corps, au lieu de prendre la direction indiquée, marchèrent, ainsi que la garde nationale, du côté des Autrichiens, en criant : Aux redoutes ! aux redoutes ! Et l'on ne sait quelles eussent été les conséquences de l'insurrection, si les généraux Guillet, Maransin et Dessaix n'avaient refusé d'en prendre le commandement.

Cet élan patriotique s'arrêta faute de chef, et les mécontents durent se résigner à suivre l'itinéraire prescrit.

Les corps-francs partagèrent le sort de l'armée, ainsi condamnée à rentrer dans l'intérieur. Restés sous le commandement de leur ancien colonel, M. Béatrix, nommé chef de bataillon

par le maréchal Suchet, ils furent dirigés, par
Tarare et Saint-Symphorien-de-Lay, sur Roanne, puis cantonnés à Perreux, gros bourg situé
à 4 kilomètres de cette ville. Ils rentrèrent peu de
temps après, dans leurs foyers, porteurs des certi-
ficats les plus honorables, délivrés par les maires
des communes où ils avaient logé, ainsi que par
les généraux sous lesquels ils avaient servi. Les
Autrichiens non-seulement n'exercèrent envers
eux aucune persécution, mais encore leur don-
nèrent, à l'occasion, des témoignages d'estime.
Loin de suivre cet exemple, le gouvernement
de Louis XVIII ne vit que des criminels dans
ces défenseurs de l'indépendance nationale. Le
capitaine Savarin de Jujurieux fut condamné
par un jury exceptionnel, et guillotiné à Bourg ;
MM. Perréal et Bouvier-l'Eveillé de Collonges,
Jacquemier de Gex, et beaucoup d'autres, subi-
rent, sans jugement, plusieurs mois de prison ;
le colonel Béatrix, l'un des patriotes sur lesquels
les royalistes avaient principalement à cœur
d'assouvir leur haine, n'échappa à la mort ou à
une longue captivité, que grâce à l'avis chari-
table qui lui fut donné par un des hommes chargés d'opérer son arrestation. Réfugié d'abord
dans les bois de la Savoie, il réussit à passer
dans le canton de Vaud ; et ce fut seulement
lorsque la *terreur blanche* eut comblé la mesure

de ses vengeances, qu'on lui accorda l'autorisation de rentrer à Collonges, en l'avertissant, toutefois, que si le moindre trouble se manifestait dans cette commune, il serait immédiatement arrêté.

Quelques-uns de ces patriotes ont vécu assez longtemps pour voir la nouvelle ère napoléonienne. La France, qu'ils avaient défendue contre l'oppression étrangère, a reparu à leur yeux, respectée et redoutée de l'étranger. Ils se sont écriés, avec l'accent d'une véritable joie : Maintenant nous pouvons mourir !... Il en est beaucoup d'autres qui sont descendus dans la tombe, sans avoir été témoins du triomphe de la cause pour laquelle ils avaient combattu et souffert. Puissè-je ne pas me tromper, en pensant que l'espérance, ce refuge des affligés, n'a pas cessé d'adoucir, jusqu'à la dernière heure, l'amertume de leurs regrets !

Si la France se trouvait de nouveau en péril, les patriotes de 1814 et de 1815 auraient, sans doute, de nombreux imitateurs. Il serait seulement à désirer que ceux-ci, plus heureux que leurs devanciers, puisassent dans l'union de tous les partis, une force qui ne laissât aucune chance de réussite aux armes ni aux intrigues de nos ennemis.

Il y a, certes, lieu de croire que notre chère

patrie n'est point destinée à voir se renouveler les invasions de 1814 et de 1815. Néanmoins, dût-elle être obligée de subir encore une pareille épreuve, sa situation, ses ressources, le nombre, la valeur de ses soldats, lui en donneraient les moyens ; et nos populations, profitant des leçons de l'expérience, des enseignements de l'histoire, n'hésiteraient pas un seul instant à mettre de côté toute dissidence d'opinion, tout sentiment d'égoïsme, pour se lever en masse contre la coalition.

Paris. Typ. Moquet, rue de la Harpe, 92.